Quiero ser
CHEF

Mary R. Dunn

Editorial Buenas Letras

New York

Para mi esposo, Mike, un gran chef

Published in 2010 by The Rosen Publishing Group, Inc.
29 East 21st Street, New York, NY 10010

First Edition

Editor: Amelie von Zumbusch
Book Design: Ginny Chu
Layout Design: Julio Gil
Photo Researcher: Jessica Gerweck

Photo Credits: Cover, pp. 1, 8, 10, 12, 14, 16, 20 © Getty Images; p. 4 Shutterstock.com; p. 6 © FilmMagic; p. 18 © AFP/Getty Images.

Library of Congress Cataloging-in-Publication Data

Dunn, Mary R.
  [I want to be a chef. Spanish]
  Quiero ser chef / Mary R. Dunn. – 1st ed.
      p. cm. – (Trabajos de ensueño)
  Includes index.
  ISBN 978-1-4042-8156-1 (library binding) – ISBN 978-1-4358-3427-9 (pbk.) –
  ISBN 978-1-4358-3428-6 (6-pack)
  1. Cooks–Juvenile literature. 2. Cookery–Vocational guidance–Juvenile literature. I. Title.
  TX652.5.D8617 2010
  641.5092–dc22
                                    2009006839

Manufactured in the United States of America

Contenido

Cocinar puede ser muy divertido pero, al usar cuchillos, o la estufa, debes pedirle ayuda a un adulto.

¿Quién está en la cocina?

La cocina es un lugar muy divertido. Ahí le puedes agregar **ingredientes** a tu comida favorita y crear nuevos platillos. También puedes hacer un batidero con tus manos trabajando con **masa**. Cuando cocinas, la cocina se llena de deliciosos aromas, pero la mejor parte es cuando pruebas la comida que preparaste.

Los chefs son muy afortunados porque trabajan en la cocina todo el tiempo. La mayoría de los chefs trabajan en **restaurantes**, donde crean y preparan platillos para sus **clientes**. Pero los chefs no sólo cocinan ricos platillos. Los chefs también se encargan de que cada plato se vea delicioso.

Chefs como Jamie Oliver, encuentran los ingredientes más frescos en los mercados municipales.

¡Comida! ¡Rica comida!

Para cocinar muy rico, los chefs deben elegir los mejores ingredientes en los mercados. Parte del trabajo de un chef es buscar los productos más frescos y las mejores carnes y pescados. Para sazonar la comida, los chefs compran **especias** y hierbas.

Los chefs usan los ingredientes que compran en los mercados para preparar platillos de muchas partes del mundo. Por ejemplo, cuando cocinan comida italiana, los chefs usan huevo y harina para preparar pasta. Al mezclar tomates y especias hacen salsa para la pasta. El sushi es un platillo japonés que se prepara usando pescado crudo, **vinagre**, arroz y verduras.

Los chefs como Emeril Lagasse saben que usar buenas ollas y sartenes es muy importante para preparar buena comida.

El trabajo del chef

Un chef es el jefe de la cocina y tiene mucho trabajo. Un chef pasa parte del tiempo combinando ingredientes para crear nuevas **recetas**. Además dedica tiempo en planear y cocinar los platillos especiales que se agregan al **menú** cada día. Los chefs tienen que pensar qué es lo que la gente quiere comer en sus restaurantes.

Cuando los chefs no están cocinando, pasan el tiempo revisando sus **provisiones** para asegurarse de tener todos sus ingredientes. Muchos chefs contratan cocineros para que les ayuden a preparar y a servir la comida en sus restaurantes.

El chef Mario Batali es la estrella de programas de cocina en televisión como *Iron Chef America* y *Molto Mario*.

Estrellas de la cocina

Algunos chefs pueden hacerse muy famosos por los platillos que preparan. Algunos de estos chefs tienen programas de televisión en los que cocinan frente a un grupo de personas. Estas personas prueban la comida mientras el chef cocina y les cuenta historias.

Otros chefs famosos escriben libros de cocina. En estos libros los chefs comparten sus recetas y algunos de sus secretos. A veces, los chefs cuentan historias de los lugares y las personas con las que han trabajado. En su libro, *Un chef en la Casa Blanca*, el chef Walter Scheib habla de su trabajo como cocinero de dos presidentes de los Estados Unidos.

Rachael Ray enseña cómo preparar muchos platillos usando recetas sencillas y rápidas.

¡Delicioso!

Una cocinera que ha escrito muchos libros es Rachael Ray. Rachael tiene un libro de cocina para niños. En este libro, Rachael usa muchas recetas sencillas que los niños pueden preparar. Además usa palabras curiosas como *"Yum-o!"* para decir que algo es *Yummy*, o delicioso.

Muchos familiares de Rachael son cocineros. Rachael creció ayudando en la cocina y aprendiendo muchos trucos. Su primer trabajo fue vender caramelos en una tienda. Hoy, Rachael tiene muchos libros de cocina, varios programas de televisión y una revista de cocina.

Estos cocineros toman clases de cocina en el Instituto de Educación Culinaria, en la ciudad de Nueva York.

14

¡Hora de estudiar!

La mayoría de los chefs no aprenden a cocinar en sus casas. Muchas personas que quieren ser chefs van a escuelas que se especializan en educación **culinaria**. En algunas de estas clases los chefs aprenden a planear un menú, en otras clases aprenden a conservar y a preparar diferentes alimentos.

Pero no todas las clases en estas escuelas enseñan cómo cocinar. Algunas clases enseñan cómo mantener la cocina limpia y cómo manejar alimentos de manera segura. Una clase muy importante enseña cómo hacer un presupuesto, o cómo planear el dinero que se necesita para manejar el restaurante y pagar a los cocineros.

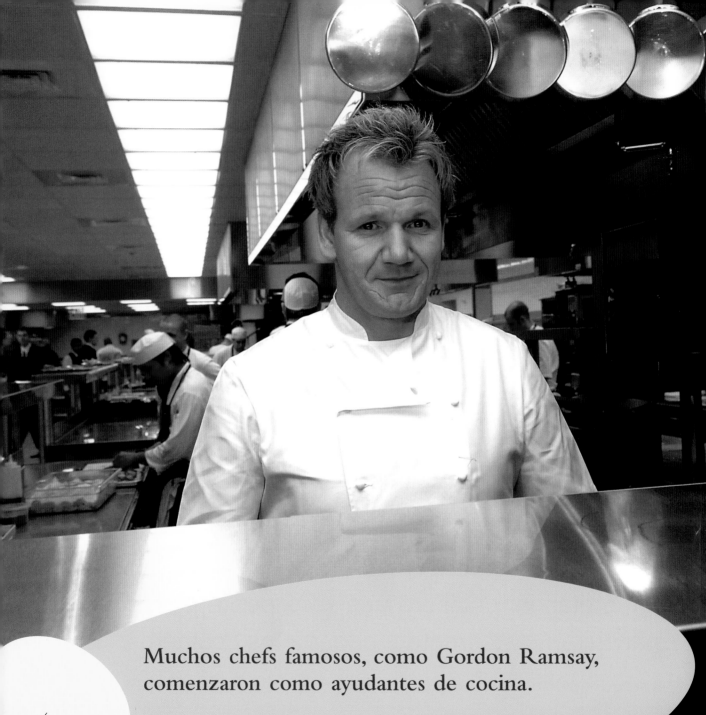

Muchos chefs famosos, como Gordon Ramsay, comenzaron como ayudantes de cocina.

Trabajo en equipo

Cuando terminan la escuela, muchos chefs comienzan a trabajar como cocineros.

El trabajo en una cocina es un trabajo de equipo. Cada cocinero trabaja en una partida distinta que prepara un tipo de alimento. En algunos restaurantes este trabajo se divide en muchas etapas. Cuando, por ejemplo, alguien ordena sopa, pescado y ensalada, un cocinero especializado en pescado se encarga de prepararlo. Otro cocinero prepara la ensalada y uno más sirve la sopa que cocinó por la mañana.

A los cocineros que trabajan en la partida donde se preparan las salsas y caldos se les llama salseros. Estos cocineros son muy importantes porque las salsas suelen ser muy difíciles de preparar.

El repostero Kikujiro Yoshida usó 33 libras
(15 kg) de chocolate para preparar este postre.

Dulces chefs

Otro tipo de chef es el chef de repostería y pastelería. El chef de repostería se encarga de hacer ricos panes, **postres** y pasteles. Los chefs de repostería trabajan en una habitación distinta al resto de la cocina. Estos chefs deben medir sus ingredientes con mucho cuidado y cocinarlos a la temperatura adecuada.

Muchos chefs de repostería preparan deliciosos pastelitos al estilo francés, como las tartas y los *croissants* en forma de media luna. La mejor parte del trabajo de un chef de repostería es probar los deliciosos pastelitos que se preparan.

Thomas Keller es el chef ejecutivo y dueño de los restaurantes per se en Nueva York y el French Laundry en Yountville, California.

Chef ejecutivo

Los chefs de repostería y los cocineros pasan mucho tiempo en la cocina aprendiendo cosas distintas. Con el tiempo, muchos de ellos se convierten en chefs ejecutivos. El chef ejecutivo es el jefe de cocina y tiene que pasar un examen especial para poder hacer este trabajo. Los chefs ejecutivos usan la ayuda del segundo chef, o *sous chef*.

Algunos chefs ejecutivos se convierten en verdaderos chef maestros. Estos chefs han aprendido los más elevados trucos culinarios. Para convertirse en un chef maestro se debe pasar un examen de cocina durante ocho días.

Así que quieres ser chef

Si quieres ser chef, comienza a aprender sobre comida y cocina hoy mismo. Cuando vayas a un restaurante prueba distintos platillos. Pon atención a su aspecto y sabor. También puedes ver programas de cocina en televisión. Si un adulto puede ayudarte, trata de crear tus propias recetas en la cocina.

Comparte tus platillos con tu familia y amigos, y cuando les sirvas puedes decirles, *"¡Bon appétit!"* Los chefs usan esta frase en francés para decir ¡Buen provecho!

Glosario

clientes (los/las) Las personas que usan productos o servicios.

culinario Relacionado con la cocina.

especias (las) Sustancias de ciertas plantas que se agregan a la comida para darles más sabor.

ingredientes (los) Partes.

masa (la) Una pasta pesada para hacer pasteles o pasta.

menú (el) Una lista de los platillos que se sirven en un restaurante.

postres (los) Alimentos dulces que se comen al final de una comida.

provisiones (las) Los alimentos e ingredientes que se guardan o reservan.

recetas (las) Las instrucciones para preparar algo.

restaurantes (los) Lugares en los que se prepara y sirve comida.

temperatura (la) Qué tan frío o caliente se encuentra algo.

vinagre (el) Líquido ácido que se usa para cocinar.

Índice

Sitios en Internet

Debido a las constantes modificaciones en los sitios de Internet, Editorial Buenas Letras ha desarrollado un listado de sitios Web relacionados con el tema de este libro. Este sitio se actualiza con regularidad. Por favor, usa este enlace para acceder a la lista: www.buenasletraslinks.com/trabajosueno/chef/